ポリ袋だから簡単！
発酵食レシピ

杵島直美

青春新書
PLAYBOOKS

はじめに

ここ数年、日本の発酵食品の健康パワーが注目されています。昔ながらの家庭料理を大切にしてきた料理研究家のひとりとして、うれしく思っています。

私はみそ作り教室や漬物教室を定期的に開いているので、ご自分で作りたいという人が増えていることも実感しています。

一方で、手作りしたいけれど、躊躇している人も多いようです。難しそうだと尻込みしていたり、スペースの問題だったり、大量にできて持て余してしまいそうだったり……理由はさまざま。

もっと気軽に、簡単に、少量で作れたら——そんな思いに応えたい一心でできあがったのが、「食品保存用のポリ袋」で作るこのレシピ集です。

前半のレシピは、みそやぬか床、白菜漬けなどの発酵食品を、仕込みから発酵、保存まで、「ポリ袋」だけで作る方法です。

後半は、酒粕や麹、ヨーグルトなど、発酵食品を使った漬け床を紹介しています。ポリ袋で作った発酵床に、食材を漬け込むだけで、おいしい発酵料理が作れます。

食べたい分だけ作れて、失敗知らずのレシピで、発酵食生活をはじめましょう。

ポリ袋だから簡単！ 発酵食レシピ 【もくじ】

第一部

ポリ袋で楽しむ 発酵食生活

発酵おつまみ

第二部

ポリ袋で楽しむ

発酵床の料理

料理をはじめる前に

＊本書のレシピでは、ジップロック・フリーザーバッグのＬサイズ・Ｍサイズを使用しています。
もちろん、ほかの食品保存用ポリ袋でも作れます。

＊水気の多い漬物や、水気が出てくるぬか床などは、ポリ袋を二重にしたり、バットで受けるなどしておくと、もし袋から漏れたときに安心です。

＊１カップは２００mℓ、大さじ１は15mℓ、小さじ１は５mℓです。

ポリ袋で楽しむ

発酵食生活

第一部

みそやぬか床、白菜漬けや塩麹など、
からだにいい発酵食を手作りしましょう。
大変そうですか？
いえいえ、「ポリ袋」で作るこの方法なら、
とても簡単で失敗知らず。
しかも、少量で作れて経済的です。
ぜひ挑戦してください。
私と一緒に発酵食生活を楽しみましょう。

ポリ袋で楽しむ

手作りみそ

私史上、最も簡単でおいしい、手前みその作り方です。

【材料】
乾燥大豆…200g
板麹…200g
粗塩…100g

＊できあがり…約800g

▸▸ 1

大豆は洗って大きめの鍋に入れ、水をたっぷり（5〜6カップ）注いでひと晩おいてもどす。

▸▸ 2

1の鍋の大豆をもどし汁ごと強火に5分ほどかけ、沸騰したら火を弱めてアクをすくい取る。

▸▸ **3**

弱めの中火で4時間ほどゆでる。アクが浮いてきたらすくい取る。

大豆がゆで汁に、常に1㎝ほどかぶっている状態を保つため、20〜30分間隔で1カップほど差し水をする。

▸▸ **4**

大豆が指先で簡単につぶれるようになったらゆであがり。

▸▸ **5**

粗熱がとれたらザルにあげる。ゆで汁大さじ4〜5は、のちほど使うのでとっておく。

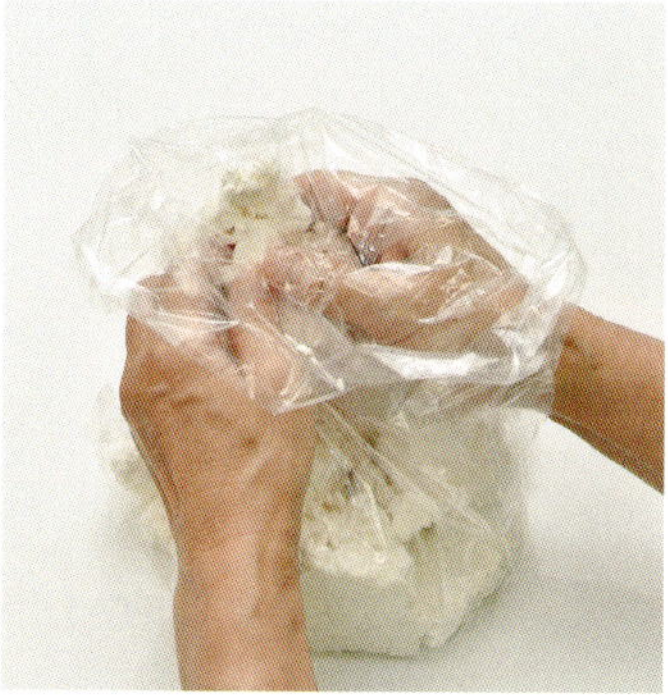

▸▸ **6**

ポリ袋に大きく割った板麹を入れ、袋の上からほぐす。

▸▸ **7**

ポロポロになるまで細かくほぐす。

▸▸ **8**

塩を加えて袋をふってよく混ぜる。

▶▶ 9

ポリ袋（Lサイズ・以下L）に5の大豆を入れ、袋の口を開けたまま、袋の上から手のひらで大豆を押しつぶす。

▶▶ 10

大豆がほぼつぶれたら、ゆで汁を少しずつ加える。

▶▶ 11

さらに袋の上からもんで、なめらかになるまで押しつぶす。
やわらかさは、ゆで汁の量で調整する。目安は、市販のみそより少しやわらかめ。

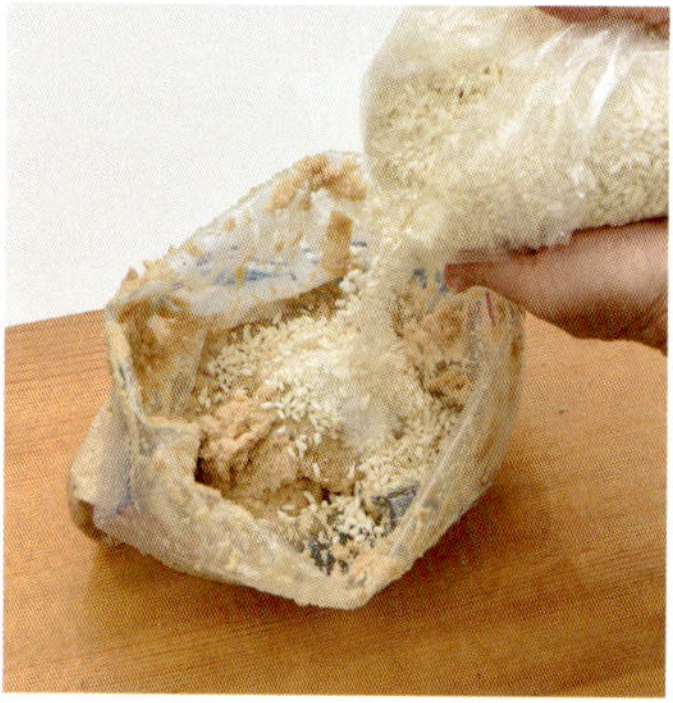

▸▸ **12**

8の麹を一度に加える。

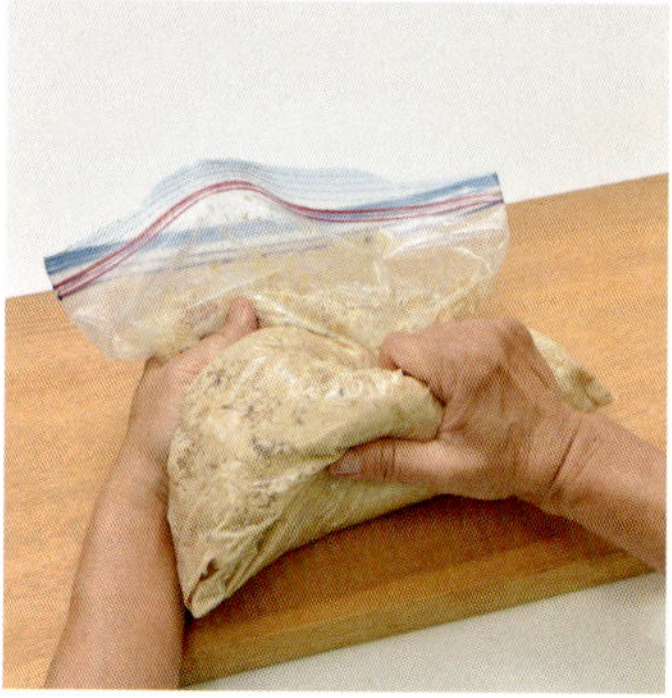

▸▸ **13**

袋の上からもんだり、手のひらで押したりして混ぜる。

▸▸ **14**

ときどき袋の上を持って袋をまな板に打ちつけるようにしながら豆の位置を変え、全体をよく混ぜる。

▸▸ **15**

手のひらで押さえて平らにのばし、均一に混ぜる。

▸▸ **16**

新しいポリ袋（L）に移して、袋の中の空気を抜きながら平らにして半分に折って口を閉じる。

冷暗所で保存し（重石は不要）、気温が上がってきたら冷蔵庫で保存する。

手作りみその
手入れ

ときどき様子を見て、カビが生えたらスプーンで取り除き、新しい袋に入れかえる。

みそは「寒仕込み」といって、冬場に仕込むもの。

仕込んでから**3か月後から食べられる**が、1年くらいたってからのほうがおいしい。

梅雨時はカビやすいので、必ず冷蔵庫へ。

3か月
たったみそ

1年
たったみそ

ポリ袋で
楽しむ

ぬか床

面倒な手入れも、
袋の上からもみもみするだけ。
においもつかず手間いらずです。

【材料】
生ぬか…500g
粗塩…80g
唐辛子…3本
（種を除いてちぎる）
だし昆布…5㎝×3枚

［捨て漬け用の野菜］
かぶの葉など…適量

▸▸ 1
鍋に湯450mℓ（分量外）を沸かし、粗塩を加えて混ぜながら溶かし、冷まして塩水を作る。

▸▸ 2
ポリ袋（L）にぬかを入れる。

▸▸ 3

2の袋に1の塩水を少し注ぎ入れ、袋の上からもみ合わせる。塩水を少しずつ注ぎながらもみ合わせ、塩水をすべて注ぐ。

▸▸ 4

ぬかと塩水を完全に混ぜ合わせ、なめらかにする。

▸▸ 5

ぬかに唐辛子と昆布を埋め込む。乾いた昆布が飛び出ていると袋が破れる可能性があるので、袋に触れないように埋め込む。

▸▸ 6

捨て漬けとしてかぶの葉を埋め込む。捨て漬けすることでぬかの発酵が促されたり、塩分がまろやかになる。

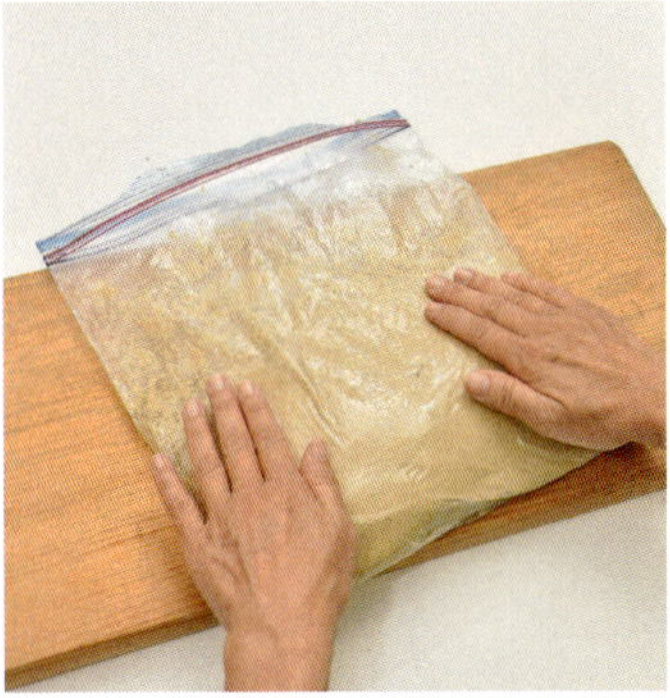

▸▸ 7

袋を平らにして中の空気を抜き、口を閉じて冷暗所におく。

▸▸ 8

1日1回、ポリ袋を開けて袋の上からもみ、空気を抜いて口を閉じる。

▸▸ 9

3日たったら捨て漬けのかぶの葉を取り出す。

▸▸ 10

捨て漬け用の野菜を変えて、6～8の作業を繰り返す。

[捨て漬け用野菜]
・かぶの葉
・白菜の外葉
・キャベツの外葉
・にんじんの皮
・大根の皮
…など

▸▸ 11

夏場なら10日ほど、冬場なら半月ほどで、しっとりとしたぬか床ができるので、捨て漬け用野菜を取り出し、好みの野菜を漬ける。

＊ぬか床は、1日1回、ポリ袋を開けて袋の上からもみ、空気を抜いて口を閉じる。夏場、ぬか床は冷蔵庫で保存する。

ぬか床の手入れ1

ぬか床が水っぽくなったら、キッチンペーパーで吸い取り、乾燥昆布を入れる。

ぬか床の手入れ2

ぬか床が少なくなったら漬けている野菜を取り出し、生ぬか100g、塩小さじ1を加えて、袋の上からもみ合わせる。

【野菜の切り方と漬け時間】

野菜	切り方	漬け時間（夏場）
きゅうり	長さを半分に切る。	半日〜1日
なす	ヘタを切り落とし、縦半分に切る。	1日
かぶ	茎を切り落とし、皮つきのまま。	1日
にんじん	皮をむき、縦半分に切る。	1日

【漬け方のコツ】

◎冷蔵庫で漬ける場合は、まず常温で数時間漬けてから冷蔵庫へ。はじめから冷蔵庫で漬けると発酵が進まず、おいしく漬からない。
◎食べ頃になったらぬかを落とし、ラップで包んで冷蔵庫で保存すれば、翌日までおいしく食べられる。
◎ 1日以上出かけるときは、ぬか床は必ず冷蔵庫で保存する。

ポリ袋で楽しむ

白菜漬け

一度にたくさん漬けると
持て余してしまうわが家では、
もっぱらこの方法で
漬物を楽しんでいます。

【材料】
白菜…1/4コ（約1kg）
粗塩…干した白菜の目方の3％
（干した白菜は約850gになるので、塩は25gくらい）
ゆず…1/2コ
昆布…5cm×2枚
唐辛子…2本

▸▸1
白菜は根元に切り込みを入れて、そこから手で2等分に裂き、水洗いして水気をきる。

▸▸2
白菜をザルにのせ、天日に半日ほど干す（曇りの日は1日）。

▸▸ **3**

ゆずは皮つきのまま1.5㎝幅の半月切りにする。唐辛子は種を取り除いてちぎる。

▸▸ **4**

ポリ袋（L）に白菜を入れ、根元のほうに塩をこすりつける。葉と葉の間にもこすりつけ、根元に近いほうを多めにする。

▸▸ **5**

残りの白菜も同様にして、互い違いになるように袋に入れる。

▸▸ 6

ゆず、昆布、唐辛子を加え、塩が残っていれば全部ふり入れて全体になじませる。

▸▸ 7

袋の中の空気を抜いて口を閉じ、バットに入れて2kg程度の重石をのせる。

▸▸ 8

2日で漬けあがり、その後は冷蔵庫で保存する。食べるときは白菜は3～4㎝幅に切って汁気をしぼり、昆布とゆずは細切りにして盛りつける。

ポリ袋で
楽しむ

白菜キムチ

韓国唐辛子もアミの塩漬けも必要なし！
近所のスーパーで手に入る材料だけで、
本格キムチが楽しめます。

【材料】

［キムチの素］

大根…150g
りんご…1/2コ
にんにく…3かけ
しょうが…20g
細ねぎ…5本
粉唐辛子…大さじ1
パプリカ…大さじ2
昆布茶…大さじ2
砂糖…大さじ3
ナンプラー…大さじ2
塩…小さじ1/2＋大さじ1/2
いかの塩辛…50g
しらす干し…30g

［キムチの素の作り方］

1

大根は皮をむいて細切りにしてポリ袋に入れ、塩小さじ1/2をもみ混ぜ、しんなりしたら水気をしぼる。

▸▸ 2

ボウルに粉唐辛子、パプリカ、湯1/4カップ（分量外）を入れてよく練る。

▸▸ 3

昆布茶、砂糖、ナンプラー、塩大さじ1/2を加えて混ぜ合わせる。

▸▸ 4

りんごは皮つきのままくし形に切り、芯を取り除いて厚めのいちょう切りにする。にんにくは芯を取り除き、しょうがは皮をむき、それぞれ薄切りにする。

5

フードプロセッサーに**4**、いかの塩辛、しらす干しを入れ、10秒ほど回す。フードプロセッサーがなければ、すりおろしたり刻んだりしてもいい。

6

ポリ袋（Mサイズ・以下M）に**3**、**5**、**1**の大根、小口切りにした細ねぎを入れて、袋の上からもんで混ぜ合わせる。

キムチの素のできあがり

◎約500gのキムチの素ができる。
◎冷蔵庫で1か月保存できる。
◎小分けにして冷凍保存も可。

【材料】

［白菜のキムチ］

白菜…1/6コ（600g）
粗塩…大さじ1
キムチの素（33ページ）
…100g

▸▸1

白菜は根元と葉と葉の間に塩をすりこむ。

▸▸2

1の白菜をポリ袋（L）に入れ、水1/2カップ（分量外）を注ぐ。
袋の中の空気を抜いて口を閉じ、バットに入れて1kg程度の重石をのせて1日漬ける。

▸▸ 3

ポリ袋に入れたまま、白菜の汁気をぎゅっとしぼる。

▸▸ 4

白菜の葉と葉の間にキムチの素をはさむ。根元のほうに多めにする。残ったキムチの素は全体にぬりつける。

▸▸ 5

袋の中の空気を抜いて口を閉じ、バットに入れて1kg程度の重石をのせて1日以上漬ける。

キムチの素を使って

カクテキ

【材料】

大根…500g ／ 塩…大さじ1/2 ／ キムチの素（33ページ）…80g

▸▸ 1

大根は皮をむき、1.5㎝角に切る。

▸▸ 2

ポリ袋（M）に1の大根を入れて塩をふり、袋の上から混ぜ合わせる。
袋の中の空気を抜き、2時間ほど漬ける（重石不要）。

▸▸ **3**

大根の水気をぎゅっとしぼる。

▸▸ **4**

キムチの素を加える。

▸▸ **5**

袋の上から軽くもむ。

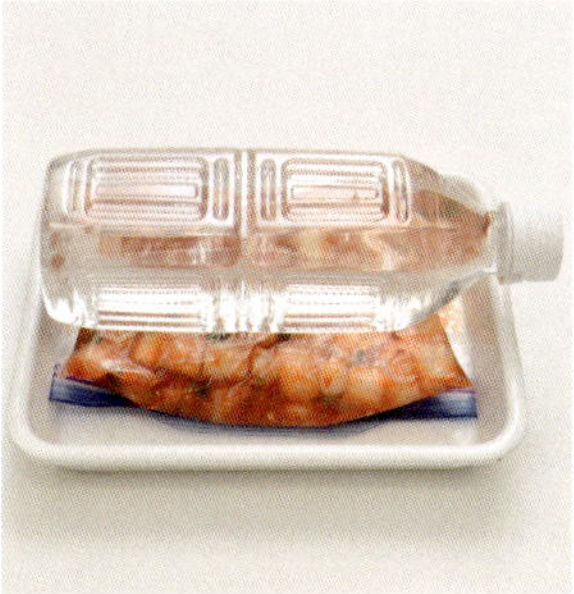

▸▸ **6**

袋の中の空気を抜いて口を閉じ、バットに入れて500g程度の重石をのせて冷蔵庫で1日以上漬ける。

キムチの素を使って

オイキムチ

【材料】
きゅうり…3本 ／ 塩…小さじ2 ／ キムチの素（33ページ）…100g

▸▸ 1

きゅうりは半分に切り、両端を1㎝ほど残して厚みの中央に十字の切り込みを入れる。

▸▸ 2

ポリ袋（M）に1のきゅうりを並べ入れ、塩とぬるま湯1/2カップ（分量外）を入れて混ぜる。袋の中の空気を抜いて口を閉じ、1kg程度の重石をのせて1時間漬ける。

▸▸ 3

きゅうりの水気をぎゅっとしぼる。

▸▸ 4

切り込みにキムチの素を詰める。

▸▸ 5

ポリ袋に4を並べ入れ、残りのキムチの素を加えて袋の上からなじませる。袋の中の空気を抜いて口を閉じ、500g程度の重石をのせて冷蔵庫で1日以上漬ける。

ポリ袋で楽しむ

塩麹

あまった野菜や切れ端に塩麹をからめれば、簡単に即席漬けが作れます。肉や魚を漬けてもおいしいので、少し多めに作っておくのがおすすめです。

【材料】
板麹…200g
粗塩…60g
湯（60度）
…1と1/2カップ

▸▸ **1**
板麹は大きく割ってポリ袋（M）に入れ、袋の上からポロポロになるまで細かくほぐし、塩を加えて混ぜる（15ページの**6**～**8**参照）。

▸▸ **2**
湯を少しずつ加える。

▸▸ **3**

途中、袋の上からもみながら湯をすべて加え、麹、塩、湯をよく混ぜ合わせる。

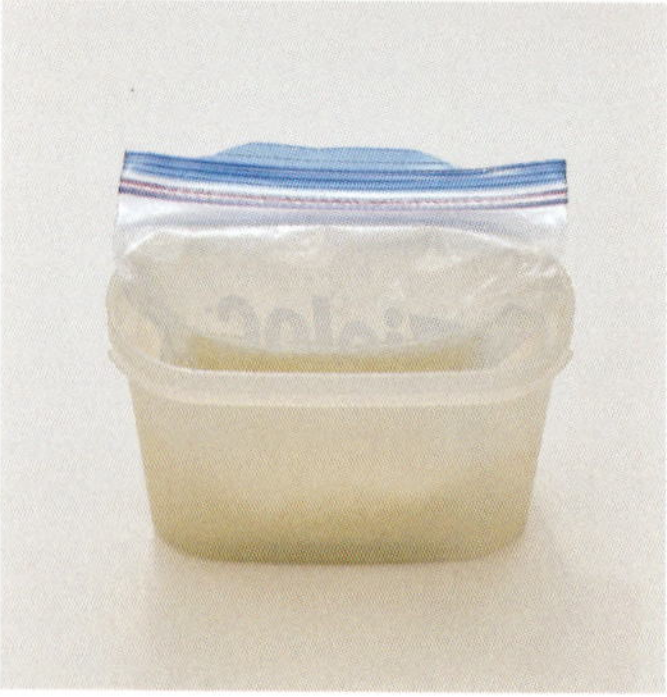

▸▸ **4**

袋の中の空気を抜いて口を閉じる。

▸▸ **5**

毎日口を開けて袋の上からもみ込み、1週間ほどおく。冷蔵庫で3か月ほど保存できる。

ゆでオクラとゆでかぼちゃの塩麹漬け

オクラ100gは塩もみして洗い、かぼちゃ100gはくし形に切り、それぞれ固めにゆでる。

オクラ、かぼちゃを別々のポリ袋に入れ、塩麹大さじ1と1/2をそれぞれに加える。袋の上から軽くもんでなじませ、袋の中の空気を抜いて口を閉じ、2時間ほど漬ける。

ミニトマトの塩麹漬け

ミニトマト1パックはヘタを取り、包丁の刃先で切れ目を入れる。

ポリ袋にミニトマトと塩麹大さじ3を入れ、袋の上から軽くもんでなじませ、袋の中の空気を抜いて口を閉じ、2時間ほど漬ける。

ポリ袋で楽しむ

べったら漬け

甘さを抑えた私のべったら漬けレシピ。砂糖の量を好みで加減できるのも手作りならではです。

【材料】
大根…細1/2本（500g）
塩…小さじ2+小さじ1/2
板麹…50g
砂糖…大さじ3
みりん…大さじ2
昆布…5㎝
唐辛子の輪切り…2本分

▶▶ 1

板麹は大きく割ってポリ袋（M）に入れ、袋の上からポロポロになるまで細かくほぐす（15ページの**6**、**7**参照）。60度の湯75㎖（分量外）を注ぐ。麹全体がぬれるように、何回かに分けて、少しずつ湯を入れる。

▶▶ 2

袋の上からもんで中の空気を抜いて口を閉じる。

▸▸ 3

タオルなどで包んで温かい場所にひと晩おく。

▸▸ 4

大根は皮をむき、1㎝幅の半月切りにする。

▸▸ 5

袋に大根を入れて塩小さじ2をふる。

▸▸ 6

袋の上からもみ込み、全体に塩をなじませる。

▸▸ 7

袋の中の空気を抜いて口を閉じ、1時間ほど漬ける。

▸▸ 8

大根がしんなりしたら、汁気をぎゅっとしぼる。

▸▸ 9

昆布はハサミで細切りにする。

▸▸ 10

3のポリ袋に塩小さじ1/2、砂糖、みりんを入れて混ぜ合わせる。

▸▸ 11

昆布と唐辛子を加え混ぜて麹床を作る。

12

袋に大根を入れる。

13

袋の上からもむ。

14

中の空気を抜いて口を閉じ、冷蔵庫で半日以上漬ける。翌日までには食べきること。それ以上、長く保存したい場合は、大根500gの皮をむき、縦半分に切って塩大さじ1で半日下漬けしてから、同様に本漬けする。

発酵おつまみ

いかの塩辛

母から教えてもらった大好きな酒の肴。ポリ袋で手軽に作れることを発見し、ますます作る機会が増えそうです。

【材料】
するめいか…1杯
塩…小さじ1+小さじ1
酒…小さじ1

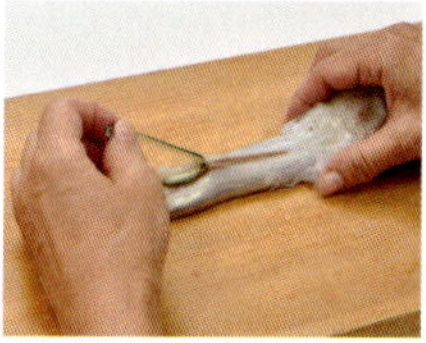

▸▸ 1
いかは胴からワタと足を引き抜き、墨袋を取り除いて、目の下を切ってワタと足を切り離す。

▸▸ 2
ワタに塩小さじ1をまぶしつけ、ラップをして常温で1日おく。

▶▶ **3**

いかの胴は一枚に開き、内側の薄皮をむき、表は皮つきのまま細切りにする。

▶▶ **4**

ポリ袋（M）にいかを入れ、塩小さじ１をふり入れ、酒を加えて袋の上からもむ。袋の中の空気を抜いて口を閉じ、冷蔵庫に１日おく。

▶▶ **5**

４の汁気をキッチンペーパーで拭き取る。

6

ワタの皮に切れ目を入れ、新しいポリ袋の中にしごき出す。袋の上からワタをつぶしてなめらかにする。

7

6に5のいかを入れ、袋の上からもみ混ぜる。

8

袋の中の空気を抜いて口を閉じ、冷蔵庫で1日漬けてできあがり。毎日袋の口を開けて袋の上からもみ、4〜5日で食べきる。

＊いか一杯分のワタの量では、いか一杯を塩辛にするには足りないので、エンペラと足は別の料理に利用する。

発酵おつまみ

わさび漬け

酒粕をまるごと食べる「ザ・発酵おつまみ」。
手作りすれば、
市販のものとは別格のおいしさです。

【材料】
わさび…小1本（30〜40g）
酒粕…70g
塩…小さじ1/2+小さじ1/4
砂糖・みりん・酒
…各大さじ1
チューブ入りわさび
…小さじ2

▸▸ 1
わさびは皮を薄くむき、粗みじん切りにする。茎も粗みじん切りにする。

▸▸ 2
ポリ袋に1を入れて塩小さじ1/2をふり、袋の上から全体がなじむようにもんで10分ほどおく。

▸▸ 3

2をキッチンペーパーで包んで汁気を拭き取る。

▸▸ 4

ポリ袋（M）に酒粕を入れ、600Wの電子レンジで、やわらかくなるまで20秒ほど加熱する。砂糖、みりん、酒、塩小さじ1/4を加え、袋の上からもんでよく混ぜる。

▸▸ 5

チューブ入りわさびを入れ、袋の上からよくもむ。

▸▸ **6**

3の生わさびを加える。

▸▸ **7**

なじませる程度にさっともむ。

▸▸ **8**

袋の中の空気を抜いて口を閉じ、2〜3時間漬ける。食べる分だけ取り出し、冷蔵庫で保存して4〜5日で食べきる。

しば漬け

日本酒によく合うおつまみですが、〆のごはんやお茶漬けもおすすめです。

【材料】
なす…2コ
きゅうり…2本
塩…小さじ1+小さじ1/2
新しょうが…30g
みょうが…2コ
梅干し…1コ
酢…大さじ5
砂糖…大さじ2

▸▸ **1**

なすはヘタを切り落とし、横半分にしてから7～8㎜幅に切る。きゅうりは長さを4等分して7～8㎜幅に切る。

▸▸ **2**

ポリ袋(M)に**1**のなすときゅうりを入れて塩小さじ1をふり入れ、袋の上から軽くもみ、袋の中の空気を抜いて口を閉じ、30分漬ける。

▸▸ **3**

しょうがは皮を薄くむいて3㎜幅に切り、みょうがは縦4等分する。梅干しは種を取り除いて細かく刻む。

▸▸ **4**

鍋に湯を沸かし、**3**のしょうがを入れてひと混ぜしたらみょうがを入れ、10秒ほどゆでてザルに上げる。

▸▸ **5**

別のポリ袋（M）に酢、砂糖、塩小さじ1/2、梅干しを入れ、**4**がまだ温かいうちに加え、粗熱がとれたら袋の中の空気を抜いて口を閉じ、30分ほど漬ける。

▸▸ 6

2のなすときゅうりを、袋の上からぎゅっとしぼって汁気をきる。

▸▸ 7

5に6のなすときゅうりを加える。

▸▸ 8

袋の中の空気を抜いて口を閉じ、2時間以上漬ける。食べる分だけ取り出し、冷蔵庫で保存して2日で食べきる。

発酵おつまみ

ピクルス

冷蔵庫に常備しておきたい、ワインやハイボールのおともです。

【材料】
きゅうり…3本
酢…2/3カップ
水…1/3カップ
砂糖…大さじ2
塩…小さじ1/2
粗びき黒こしょう…少々
ローリエ…1枚
唐辛子…2本

▸▸ 1

きゅうりは3㎝長さに切り、塩少々(分量外)を入れた熱湯で20秒ゆでてザルに上げる。

▸▸ 2

鍋に酢、水、砂糖、塩、粗びき黒こしょうを合わせて煮立てる。

▸▸ **3**

きゅうりが熱いうちに、**2**の鍋に入れる。

▸▸ **4**

きゅうりの粗熱がとれたら、ポリ袋(M)に**3**のきゅうりとピクルス液を移す。

▸▸ **5**

ローリエはちぎる。唐辛子は種を除いてちぎり**4**に加える。

▸▸ 6

袋の中の空気を抜いて口を閉じる。

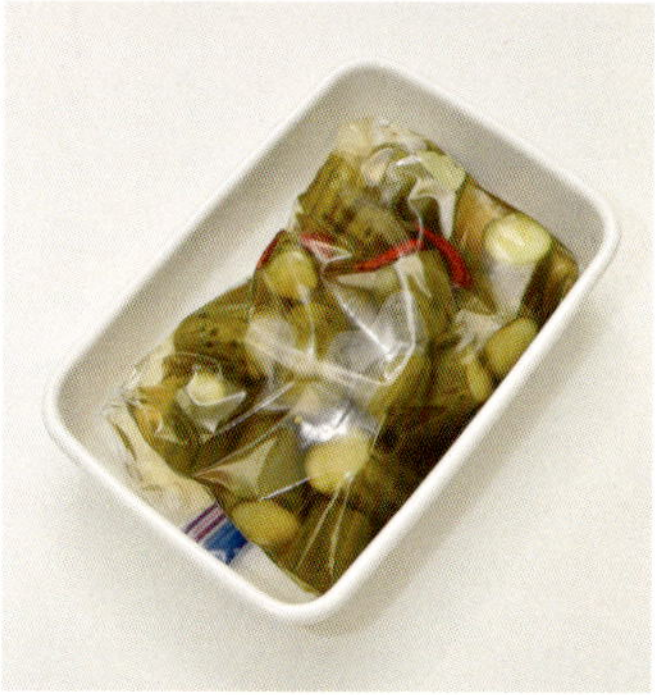

▸▸ 7

2時間以上漬ける。

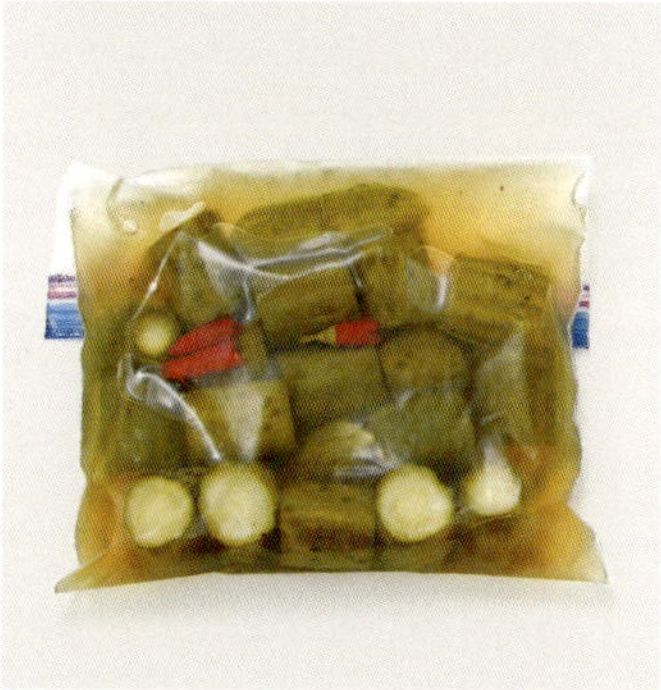

▸▸ 8

食べる分だけ取り出し、冷蔵庫で保存して3～4日で食べきる。

発酵おつまみ

即席ザワークラウト

サラダ感覚で食べられる洋風の漬物。
肉料理の付け合わせとしても大活躍します。

【材料】

キャベツ…400g
塩…小さじ1+小さじ1
レモン汁…1コ分
酢…大さじ1
砂糖…小さじ1
粗びき黒こしょう
　…小さじ1/2

▸▸ 1

キャベツは芯をそぎ切りにし、7～8㎜幅の細切りにする。

▸▸ 2

ポリ袋（M）にキャベツを入れて塩小さじ1をふり、もみ混ぜて30分おく。

▸▸ **3**

キャベツを、袋の上からぎゅっとしぼって汁をきる。

▸▸ **4**

3の袋に、塩小さじ1、レモン汁、酢、砂糖、粗びき黒こしょうを加える。

▸▸ **5**

袋の上からもみ混ぜ、袋の中の空気を抜いて口を閉じ、1日漬ける。
食べる分だけ取り出して冷蔵庫で保存し、3〜4日で食べきる。

1日たった
即席ザワークラウト

第二部

ポリ袋で楽しむ 発酵床の料理

酒粕や麹、みそやしょうゆ、酢やヨーグルトなど、発酵食品を使った漬け床を紹介します。

ポリ袋で作った発酵床に、好きな食材を漬け込むだけで、おいしくてからだに優しい、発酵料理が作れます。

酒粕ベース

酒粕ベースの発酵床 ❶

酒粕…70g
みりん…大さじ1
水…大さじ1
塩…小さじ1

酒粕ベースの発酵床 ❷

酒粕…70g
みそ…大さじ2
水…大さじ1

酒粕ベースの発酵床 ❸

酒粕…50g
しょうゆ…大さじ1
水…小さじ2

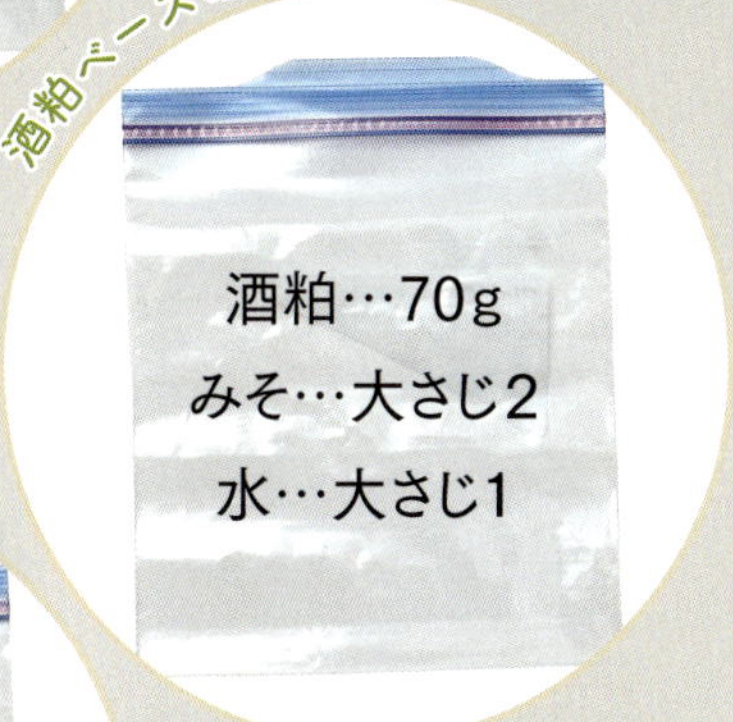

\ 料理メモ /

酒粕ベースの発酵床で漬けた肉や魚を焼くときは、焦げやすいので、床を丁寧にぬぐい取って料理するのがコツです。

焦げ目がついてきたら、魚焼きグリルならアルミホイルをかぶせ、フライパン焼きなら火を弱めてフタをして火を通しましょう。

酒粕ベースの
発酵床❶

酒粕…70g
みりん…大さじ1
水…大さじ1
塩…小さじ1

鶏むね肉の粕漬け焼き

パサつきがちな鶏むね肉も、粕床効果でしっとり焼き上がります。

【材料】

鶏むね肉…大1枚（300g）

【作り方】

❶ポリ袋（Mサイズ・以下M）に発酵床❶の材料を入れ、口を開けたまま600Wの電子レンジで20秒ほど加熱する。袋の上からもみ混ぜ、粗熱をとる。

❷鶏むね肉は厚みが均等になるようにすりこ木などでたたき、❶の発酵床に埋め込むように入れ、袋の中の空気を抜いて口を閉じる。冷蔵庫で1日漬ける。

❸鶏むね肉の床を丁寧にぬぐい取り、8〜10等分に切る。

❹フライパンにサラダ油を熱して鶏肉を入れ、全面にきれいな焼き色をつけたら、フタをして弱めの中火で火を通す。

こんな食材でも!

きゅうり…長さを半分に切り、発酵床にひと晩漬ける。食べるときは床をぬぐい取る。

酒粕ベースの発酵床❷

酒粕…70g
みそ…大さじ2
水…大さじ1

さけの粕みそ漬けグリル

酒粕とみその最強タッグ。手頃なさけが料亭の味に！

【材料】

生さけ…2切れ

【作り方】

❶ポリ袋（M）に発酵床❷の材料を入れ、口を開けたまま600Wの電子レンジで20秒ほど加熱する。袋の上からもみ混ぜ、粗熱をとる。

❷生さけは❶の発酵床に埋め込むように入れ、袋の中の空気を抜いて口を閉じる。冷蔵庫で1日漬ける。

❸生さけの床を丁寧にぬぐい取り、魚焼きグリルに並べ入れ、弱めの中火で火が通るまで焼く。途中、焦げそうになったら、その部分にアルミホイルをかぶせる。

こんな食材でも!

牛ステーキ肉…発酵床にひと晩漬け、床をぬぐい取ってフライパンで焼く。

酒粕ベースの
発酵床❸

酒粕…50g
しょうゆ…大さじ1
水…小さじ2

長いもの酒粕しょうゆ漬け

漬け込むだけで、気の利いた小皿料理に。食感も楽しいですよ。

【材料】

長いも…10㎝（250g）

【作り方】

❶ポリ袋（M）に発酵床❸の材料を入れ、口を開けたまま600Wの電子レンジで10秒加熱する。袋の上からもみ混ぜ、粗熱をとる。

❷長いもは皮をむいて縦半分に切り、❶の発酵床に埋め込むように入れ、袋の中の空気を抜いて口を閉じる。冷蔵庫で1日漬ける。

❸長いもの床をぬぐい取り、半月切りや短冊切りにして盛りつける。

こんな食材でも！

ぶりの切り身…発酵床にひと晩漬け、床を丁寧にぬぐい取ってフライパンや魚焼きグリルで焼く。

麹

ベース

麹ベースの発酵床 ❶

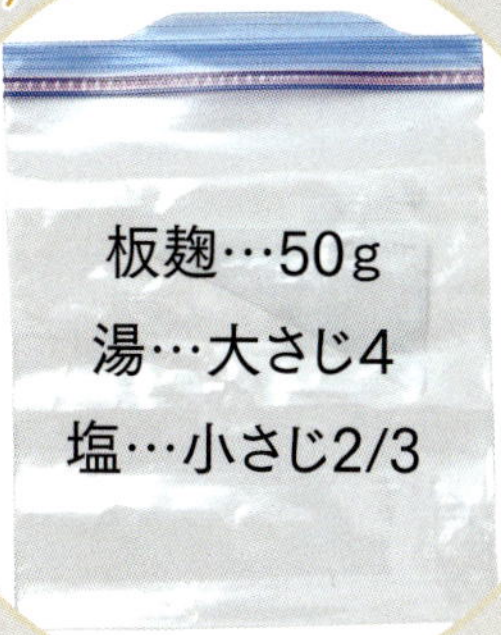

板麹…50g
湯…大さじ4
塩…小さじ2/3

麹ベースの発酵床 ❷

板麹…50g
湯…大さじ4
練り辛子…小さじ1/2
しょうゆ…大さじ1と1/2
砂糖…小さじ1/2

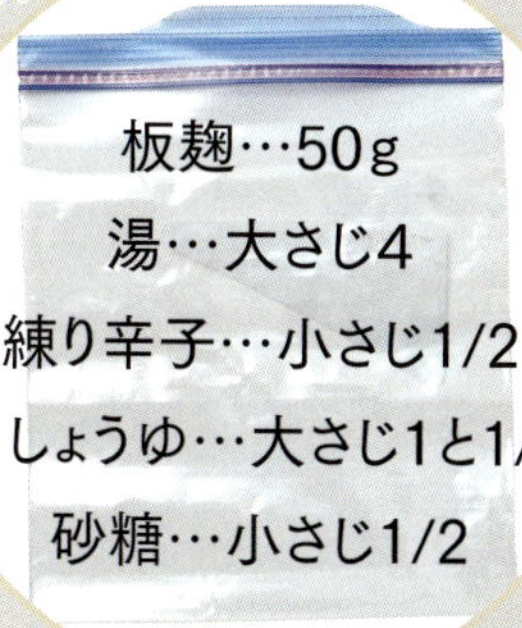

＼ 料理メモ ／

麹ベースの発酵床で漬けた肉や魚を焼くときは、焦げやすいので、床を丁寧にぬぐい取って料理するのがコツです。

焦げ目がついてきたら、魚焼きグリルならアルミホイルをかぶせ、フライパン焼きなら火を弱めてフタをして火を通しましょう。

麹ベースの
発酵床❶

板麹…50g
湯…大さじ4
塩…小さじ2/3

セロリときゅうりの麹漬け

箸休めの一品に、お酒のおともにと大活躍します。

【材料】

セロリ…1本 ／ きゅうり…1本

【作り方】

❶ポリ袋(M)に板麹を大きく割って入れ、袋の上からポロポロになるまでほぐし(15ページの6、7参照)、60度の湯を加えて袋の上からもみ混ぜる。

❷袋の中の空気を抜いて口を閉じ、室温に1日おいてから、塩を加えてもみ混ぜる。

❸セロリは筋を取り除き、長さを半分に切って、太いところは縦半分に切る。きゅうりは長さを半分に切る。

❹❷の発酵床にセロリときゅうりを埋め込むように入れ、袋の中の空気を抜いて口を閉じる。冷蔵庫で1日漬ける。

❺セロリときゅうりの床をぬぐい取り、切り分けて盛りつける。

こんな食材でも!

いかの胴…発酵床にひと晩漬け、床をぬぐい取ってフライパンで焼く。

麹ベースの
発酵床❷

板麹…50g
湯…大さじ4
練り辛子…小さじ1/2
しょうゆ…大さじ1と1/2
砂糖…小さじ1/2

なすの辛子麹漬け

麹の発酵パワーで、たった1日でなすが絶品の漬物に変身します。

【材料】

なす…2コ

【作り方】

❶ポリ袋(M)に板麹を大きく割って入れ、袋の上からポロポロになるまでほぐし(15ページの6、7参照)、60度の湯を加えて袋の上からもみ混ぜる。

❷袋の中の空気を抜いて口を閉じ、室温に1日おいてから、練り辛子、しょうゆ、砂糖を加えてもみ混ぜる。

❸なすはヘタを落とし、皮を縞目にむいて1・5㎝厚さに切る。

❹❷の発酵床になすを埋め込むように入れて袋の上から押してなじませ、袋の中の空気を抜いて口を閉じる。冷蔵庫で1日漬ける。

❺なすを床から取り出して盛りつける。

こんな食材でも!

鶏もも肉(唐揚げ用)…発酵床にひと晩漬け、床をぬぐい取ってフライパンで焼く。

麹ベースの発酵床❷

板麹…50g
湯…大さじ4
練り辛子…小さじ1/2
しょうゆ…大さじ1と1/2
砂糖…小さじ1/2

豚肉の辛子麹漬け焼き

豚肉から出る脂を拭き取りながら焼くと、すっきり仕上がります。

【材料】

豚ロース肉(とんかつ用)…2切れ
／サラダ油…大さじ1

【作り方】

❶ポリ袋(M)に板麹を大きく割って入れ、袋の上からポロポロになるまでほぐし(15ページの6、7参照)、60度の湯を加えて袋の上からもみ混ぜる。

❷袋の中の空気を抜いて口を閉じ、室温に1日おいてから、練り辛子、しょうゆ、砂糖を加えてもみ混ぜる。

❸豚ロース肉は両面の筋に切り込みを入れ、❷の発酵床に埋め込むように入れ、袋の中の空気を抜いて口を閉じる。冷蔵庫で1日漬ける。

❹豚肉の床を丁寧にぬぐい取る。フライパンにサラダ油を熱して豚肉を入れ、両面にこんがり焼き色をつける。余分な脂をキッチンペーパーで拭き取り、弱めの中火で火が通るまで焼く。

こんな食材でも!

かぶ…皮つきのまま縦半分に切って発酵床にひと晩漬け、食べるときは床をぬぐい取って切り分ける。

みそ

ベース

みそベースの発酵床 ❶

みそ…大さじ4（70g）
砂糖…大さじ1
酒…大さじ1
しょうが汁…小さじ1

みそベースの発酵床 ❷

みそ…大さじ4（70g）
はちみつ…大さじ2
酒…大さじ1

みそベースの発酵床 ❸

西京みそ…大さじ4（70g）
酒…大さじ2

みそベースの発酵床 ❹

みそ…大さじ4（70g）
酒…大さじ1
一味唐辛子…小さじ1/4

＼料理メモ／

みそベースの発酵床で漬けた肉や魚を焼くときは、焦げやすいので、床を丁寧にぬぐい取るのがコツ。焦げてきたら、魚焼きグリルならアルミホイルをかぶせ、フライパン焼きなら火を弱めてフタをして火を通しましょう。

さばのみそ煮

煮汁は発酵床と水だけ！　失敗知らずのさばみそです。

みそベースの発酵床❶

みそ…大さじ4（70g）
砂糖…大さじ1
酒…大さじ1
しょうが汁…小さじ1

【材料】

さば…1/2尾（三枚におろしたもの）／長ねぎ…1/2本／水…1カップ

【作り方】

❶ポリ袋（M）に発酵床❶の材料を入れ、袋の上からもみ混ぜる。

❷さばは半分に切り、❶の発酵床に埋め込むように入れ、袋の中の空気を抜いて口を閉じる。冷蔵庫で1日漬ける。

❸鍋に❷の発酵床大さじ2、水を合わせ、さばの床をぬぐい取って並べ入れ、弱火で7～8分煮る。

❹ぶつ切りにした長ねぎを加え、火を強めて煮汁をさばにかけながら5分ほど煮る。

＊漬け込んださばの床をぬぐい取り、魚焼きグリルで焼いてもおいしい。

こんな食材でも！

大根…大きめの乱切りにして発酵床にひと晩漬け、食べるときは床をぬぐい取る。

みそベースの発酵床❷

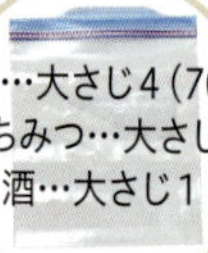

みそ…大さじ4(70g)
はちみつ…大さじ2
酒…大さじ1

スペアリブのはちみつみそ煮

人気の万能調味料「はちみつみそ」も、立派な発酵床です。

【材料】

豚スペアリブ(ハーフ)…4本／大根(太)…6㎝／水…1カップ／パクチー　適量

【作り方】

❶ポリ袋(M)に発酵床❷の材料を入れ、袋の上からもみ混ぜる。

❷豚スペアリブは❶の発酵床に埋め込むように入れ、袋の中の空気を抜いて口を閉じる。冷蔵庫で1日漬ける。

❸大根は皮をむき、縦6等分に切って5分下ゆでする。

❹別の鍋に❷の豚スペアリブと発酵床をすべて入れ、❸の大根、水を加えて火にかける。

❺煮立ったらアクをすくい取り、フタをして30分ほど煮る。

❻盛りつけてパクチーを添える。

こんな食材でも!

鶏手羽先…発酵床にひと晩漬け、「スペアリブのはちみつみそ煮」と同様に煮る。

みそベースの
発酵床③

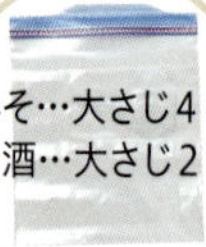

西京みそ…大さじ4（70g）
酒…大さじ2

たらの西京みそ焼き

甘めのみそ床で、上品な味わいです。

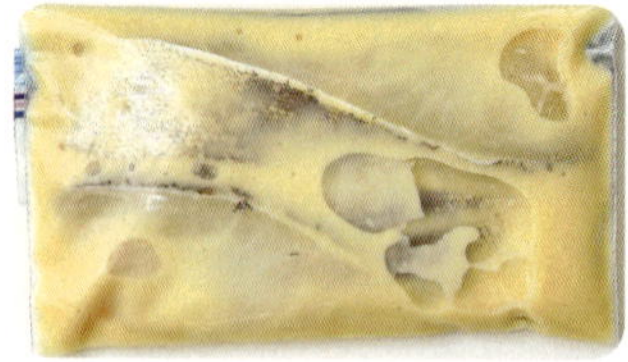

【材料】

甘塩たら…2切れ

【作り方】

❶ポリ袋（M）に発酵床③の材料を入れ、袋の上からもみ混ぜる。

❷甘塩たらは❶の発酵床に埋め込むように入れ、袋の中の空気を抜いて口を閉じる。冷蔵庫で1日漬ける。

❸甘塩たらの床を丁寧にぬぐい取り、魚焼きグリルに並べ入れ、弱めの中火で火が通るまで焼く。

こんな食材でも！

豚ロース肉（とんかつ用）…発酵床にひと晩漬け、床をぬぐい取ってフライパンで焼く。

みそベースの
発酵床❹

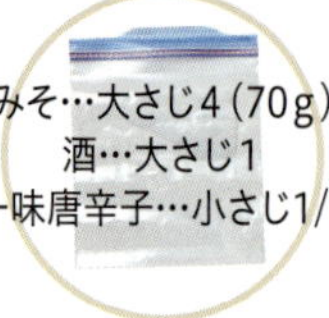

みそ…大さじ4（70g）
酒…大さじ1
一味唐辛子…小さじ1/4

豆腐のみそ漬け

日本酒を呑みながら、ゆっくり味わいたい一品です。

【材料】

木綿豆腐…小1丁

【作り方】

❶ポリ袋（M）に発酵床❹の材料を入れ、袋の上からもみ混ぜる。

❷豆腐は高さを半分に切り、キッチンペーパーで包んで30分以上おいて水きりする。

❸2の豆腐を❶の袋に入れ、発酵床で包むようにまとわせ、袋の中の空気を抜いて口を閉じる。冷蔵庫で1日漬ける。

❹豆腐の床をぬぐい取って盛りつける。好みで卵黄をからめてもおいしい。

＊豆腐を漬けた発酵床は、みそ汁やみそ煮の調味料に利用できる。

こんな食材でも!

いわし…いわしは手開きにし、発酵床にひと晩漬け、床をぬぐい取って魚焼きグリルで焼く。

しょうゆ

ベース

しょうゆベースの発酵床

だしの取り方

だしは、冷蔵庫で3日ほど保存できる。製氷皿に入れて冷凍も可。

【この分量で約1カップのだしがとれる】
水…1と1/4カップ ／ 昆布…5㎝ ／ かつお削り節…小1パック（3g）

▸▸ 1

小鍋に水と昆布を入れて弱火にかけ、煮立つ直前に昆布を取り出す。

▸▸ 2

かつお削り節を入れて2分ほど煮る。

▸▸ 3

火を止め、かつお削り節が鍋底に沈むまで待つ。

▸▸ 4

キッチンペーパーをのせたザルで濾す。残ったかつお削り節はキッチンペーパーで包み、エキスを押ししぼる。

ゆで野菜と生野菜のだしじょうゆ漬け

常備菜として重宝します。いろいろな野菜で試してみてください。

しょうゆベースの
発酵床

しょうゆ…大さじ2
だし…大さじ4

【材料】

［ゆで野菜］ しめじ…100g ／ 小松菜…200g
［生野菜］ ミニトマト…大12コ（200g） ／ きゅうり…1本

【作り方】

❶ポリ袋(M)に発酵床の材料を入れて混ぜる。これを2袋用意する。

❷しめじは石づきを取って大きめにほぐし、固ゆでにする。小松菜は固めの塩ゆでにして水気をしぼる。

❸トマトはヘタのついているほうを少し切り落とす。きゅうりは乱切りにする。

❹❷のゆで野菜、❸の生野菜を、それぞれ別の❶の発酵床に入れ、袋の中の空気を抜いて口を閉じる。冷蔵庫で1日漬ける。

❺しめじは房をほぐし、小松菜は汁気をしぼってざく切りに、生野菜はそのまま盛りつけ、発酵床をかける。

こんな食材でも!

谷中しょうが、にんじん、パプリカ
…谷中しょうがはそのまま、にんじんはスティック状に切って、パプリカは2㎝幅に切って固ゆでにして発酵床にひと晩漬ける。

みりんベース

みりんベースの発酵床 ❶

みりんベースの発酵床 ❷

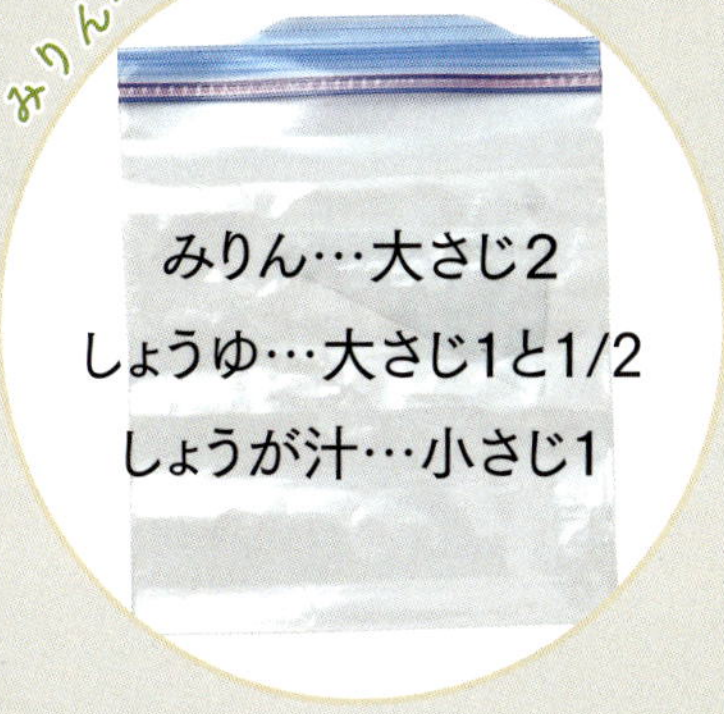

みりんベースの
発酵床❶

いわしのみりん焼き

みりん干しよりも、身がふっくらおいしく仕上がる自信作。

【材料】

いわし…4尾 ／ 白ごま…小さじ2 ／ 大根おろし…適宜

【作り方】

❶ポリ袋(M)に発酵床❶の材料を入れて混ぜる。

❷いわしは手開きにして❶の発酵床に入れ、袋の中の空気を抜いて口を閉じる。冷蔵庫で1日漬ける。

❸❷のいわしをザルにあげて汁気をよくきり、両面に白ごまをふって魚焼きグリルで焼く。盛りつけて好みで大根おろしを添える。

こんな食材でも!

トマト…くし形に切り、発酵床にひと晩漬ける。

みりんベースの
発酵床❷

みりん…大さじ2
しょうゆ…大さじ1と1/2
しょうが汁…小さじ1

ゴーヤーのみりんじょうゆ漬け

発酵床効果で、ほどよい苦みがくせになります。

【材料】

ゴーヤー…1本
／かつお削り節…1パック（3g）

【作り方】

❶ポリ袋（M）に発酵床❷の材料を入れて混ぜる。

❷ゴーヤーは縦半分に切り、種とワタを取り除き、長さを半分に切る。

❸❶の発酵床に❷のゴーヤーを入れ、袋の中の空気を抜いて口を閉じる。冷蔵庫で1日漬ける。

❹ゴーヤーをザルにあげて汁気をきってから細切りにする。

❺かつお削り節で和える。

こんな食材でも！

鶏手羽先…発酵床にひと晩漬け、汁気をきって魚焼きグリルで焼く。

みりんベースの
発酵床❷

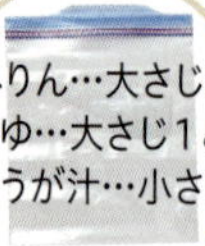

みりん…大さじ2
しょうゆ…大さじ1と1/2
しょうが汁…小さじ1

みりんじょうゆ漬けのレバニラ

豚レバーが苦手な方にも喜ばれる、とっておきのレシピです。

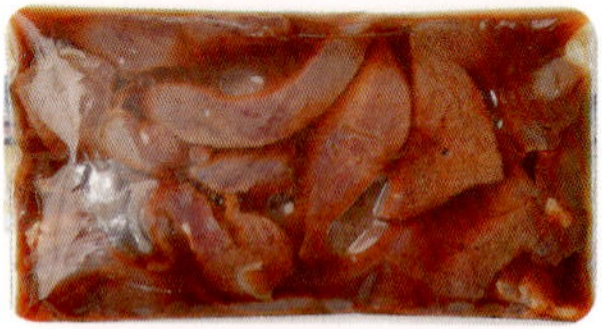

【材料】

豚レバー(かたまり)…150g/にら…1束/片栗粉…適量/塩、こしょう…各少々/サラダ油…大さじ3

【作り方】

❶ポリ袋(M)に発酵床❷の材料を入れて混ぜる。

❷豚レバーは1㎝幅に切り、水に5分ほど浸けて血抜きをし、水気をきる。

❸❶の発酵床に❷の豚レバーを入れ、袋の中の空気を抜いて口を閉じる。冷蔵庫で1日漬ける。

❹にらは3㎝幅に切り、サラダ油大さじ1を熱したフライパンでざっと炒め、塩こしょうして取り出す。

❺豚レバーをザルにあげ、キッチンペーパーで水気を拭き取り、片栗粉をまぶしつける。

❻❹のフライパンにサラダ油大さじ2を熱し、❺の豚レバーを並べ入れ、両面をカリッと焼いたら取り出し、❹のにらと盛り合わせる。

こんな食材でも!

あじ(フライ用に開いたもの)
…発酵床にひと晩漬け、汁気をきって魚焼きグリルで焼く。

酢

ベース

酢ベースの発酵床①

酢ベースの発酵床②

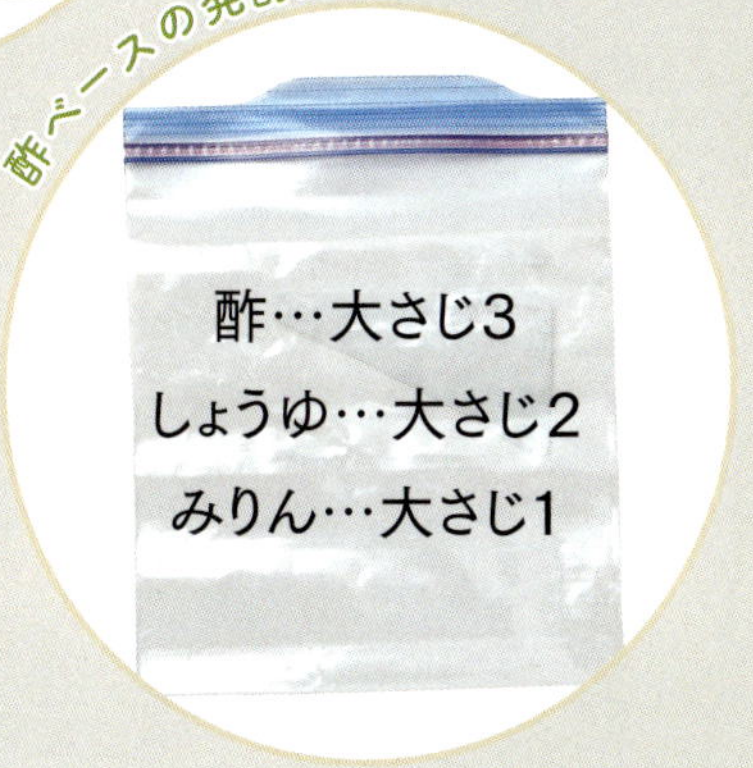

酢ベースの発酵床③

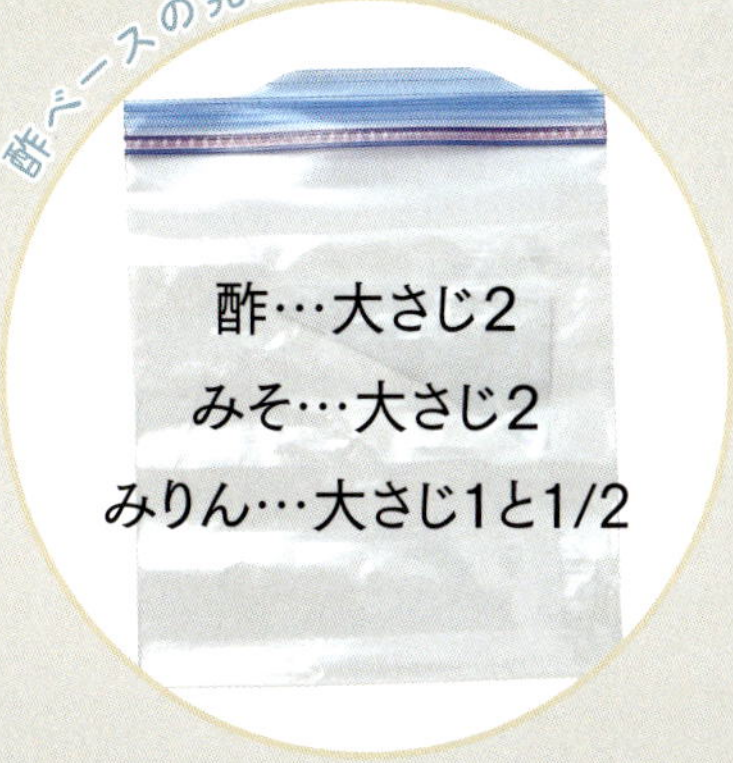

酢ベースの
発酵床❶

酢…大さじ5
砂糖…大さじ2
塩…小さじ1

鶏手羽の甘酢漬け煮

夏に食べたいエスニックな煮物です。

【材料】

鶏手羽元…6本（350g）／にんにく…2かけ／唐辛子…2本／水…1カップ／パクチー…適量

【作り方】

❶ポリ袋（M）に発酵床❶の材料を入れ、袋の上からもみ混ぜる。

❷❶の発酵床に鶏手羽元を入れ、袋の中の空気を抜いて口を閉じる。冷蔵庫で1日漬ける。

❸にんにくは半分に切って芯を取り除いてつぶす。唐辛子はちぎって種を取る。

❹鍋に❷の鶏手羽元と発酵床、❸のにんにくと唐辛子、水を入れて火にかける。

❺煮立ったらアクをすくい取り、フタをして中火で20分煮る。

❻盛りつけて、パクチーの葉は細切りにしてのせ、茎はみじん切りにしてちらす。

こんな食材でも!

カリフラワー…ゆでて発酵床にひと晩漬ける。

みょうがと新しょうがの酢飯

発酵床の甘酢を、寿司酢として使います。

酢ベースの発酵床❶

酢…大さじ5
砂糖…大さじ2
塩…小さじ1

【材料】
みょうが…4コ ／ 新しょうが…100g ／ ごはん（固めに炊いたもの）…300g ／ 白ごま…小さじ1

【作り方】

❶ ポリ袋（M）に発酵床❶の材料を入れ、袋の上からもみ混ぜる。

❷ みょうがは縦半分に、新しょうがは皮を薄くむいて3㎜幅に切る。

❸ ❷のみょうがと新しょうがを熱湯で20秒ゆでてザルにあげ、熱いうちに❶の発酵床に入れる。冷蔵庫で1日以上漬け、そのまま1週間保存できる。

❹ ごはんに発酵床大さじ2を回しかけ、切るように混ぜて酢飯を作る。

❺ ❸の新しょうがを細切りにして、白ごまとともに❹の酢飯に加えてざっくりと混ぜる。盛りつけてみょうがをのせる。

こんな食材でも！
れんこん…7〜8㎜幅の輪切りにし、固めにゆでて発酵床に1日漬ける。

第二部　ポリ袋で楽しむ発酵床の料理

酢ベースの
発酵床❷

酢…大さじ3
しょうゆ…大さじ2
みりん…大さじ1

ゆで卵の酢じょうゆ漬け

世界一おいしい味つけ卵の作り方、です。

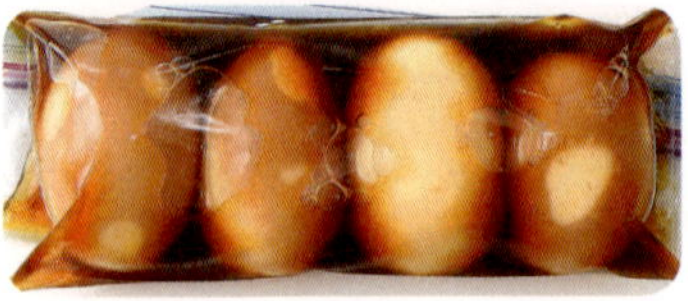

【材料】

卵…4コ

【作り方】

❶ポリ袋（M）に発酵床❷の材料を入れて混ぜる。

❷卵は常温に戻し、沸騰した湯に入れて8分ゆでて水にとり、殻をむく。

❸❶の発酵床に❷のゆで卵を入れ、袋の中の空気を抜いて口を閉じる。冷蔵庫で1日漬ける。

こんな食材でも!

鶏もも肉…発酵床にひと晩漬け、汁気をきってフライパンで焼く。

酢ベースの
発酵床❸

酢…大さじ2
みそ…大さじ2
みりん…大さじ1と1/2

長ねぎとにんじんの酢みそ漬け

酢、みそ、みりん。発酵三銃士が野菜をおいしくしてくれます。

【材料】

長ねぎ…1本 ／ にんじん…1/2本

【作り方】

❶ポリ袋(M)に発酵床❸の材料を入れ、袋の上からもみ混ぜる。

❷長ねぎは4等分し、ゆでてザルにあげ、粗熱をとる。にんじんは1・5㎝角のスティック状に切る。

❸❶の発酵床に❷の長ねぎ、にんじんを入れ、袋の中の空気を抜いて口を閉じる。冷蔵庫で1日漬ける。

❹汁気をきり、長ねぎは長さを半分に切って縦4等分に、にんじんは長さを半分に切って盛りつける。

こんな食材でも!

きゅうり…半分に切って、発酵床にひと晩漬ける。

ヨーグルト ベース

ヨーグルトベースの発酵床❶

無糖ヨーグルト…150g
カレー粉…大さじ1/2
塩…小さじ2/3

ヨーグルトベースの発酵床❷

無糖ヨーグルト…150g
マヨネーズ…大さじ2

ヨーグルトベースの発酵床❸

無糖ヨーグルト…150g
みそ…大さじ3

＼料理メモ／

ヨーグルトベースの発酵床で漬けた肉や魚を焼くときは、焦げやすいので、床を丁寧にぬぐい取るのがコツ。焦げてきたら、魚焼きグリルならアルミホイルをかぶせ、フライパン焼きなら火を弱めてフタをして火を通しましょう。

ヨーグルトの水きり

ヨーグルトベースの発酵床は、
すべて水きりしたヨーグルトを使います。

ボウルにザルをのせてキッチンペーパーをおき、無糖ヨーグルト150gを入れて軽く包んで10分おく。
水きりしたヨーグルトは100gになる。

ヨーグルトベースの
発酵床❶

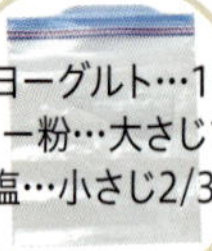

無糖ヨーグルト…150g
カレー粉…大さじ1/2
塩…小さじ2/3

タンドリーポーク

チキンもいいけど、ポークもおすすめです。

【材料】

豚ばら肉（ブロック）…300g ／ ミニトマト…12コ ／ サラダ油…大さじ1/2

【作り方】

❶ヨーグルトは水きりする。

❷ポリ袋（M）に❶のヨーグルト、カレー粉、塩を入れ、袋の上からもみ混ぜる。

❸豚ばら肉は6～8等分に切る。

❹❷の発酵床に❸の豚ばら肉を埋め込むように入れ、袋の中の空気を抜いて口を閉じる。冷蔵庫で1日漬ける。

❺フライパンにサラダ油を中火で熱し、発酵床をぬぐい取った豚肉を入れ、全面にきれいな焼き色をつける。

❻余分な脂をキッチンペーパーで拭き取り、フタをして中火で7～8分焼く。

❼フタを取ってミニトマトを加え、トマトが温まってきたら残った発酵床をすべて加え、豚肉にからめるように手早く炒める。

こんな食材でも！

鶏むね肉…発酵床にひと晩漬け、床をぬぐい取ってフライパンで焼く。

ヨーグルトベースの
発酵床❷

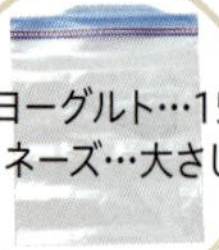

無糖ヨーグルト…150g
マヨネーズ…大さじ2

えびマヨヨーグルト炒め

ヨーグルトを加えることで、軽くてヘルシーなえびマヨに。

【材料】

殻つきえび…10尾（200g）／にんにくのみじん切り…1かけ分／サラダ油…大さじ1

【作り方】

❶ヨーグルトは水きりする。

❷ポリ袋（M）に❶のヨーグルト、マヨネーズを入れ、袋の上からもみ混ぜる。

❸えびは尾先と足を切り落とし、背を大きく切って開き、背ワタがあれば取り除く。

❹❷の発酵床に❸のえびを埋め込むように入れ、袋の中の空気を抜いて口を閉じる。冷蔵庫で1日漬ける。

❺えびは発酵床を丁寧にぬぐい取る。フライパンににんにくとサラダ油を入れて火にかけ、香りが立ったらえびを加え、背を下にして押さえつけ、背が開いたら炒める。

❻残った発酵床をすべて加え、えびにからめて仕上げる。

こんな食材でも！

かぼちゃ…ゆでて発酵床にひと晩漬ける。

ヨーグルトベースの
発酵床❸

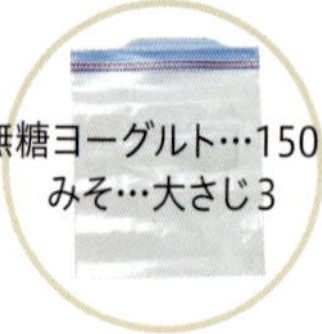

無糖ヨーグルト…150g
みそ…大さじ3

ズッキーニと黄パプリカのヨーグルトみそ漬け

やさしい酸味とみその風味で、野菜がもりもり食べられます。

【材料】
ズッキーニ…1本（150g）
／黄パプリカ…1コ（200g）

【作り方】

❶ヨーグルトは水きりする。

❷ポリ袋（M）に❶のヨーグルト、みそを入れ、袋の上からもみ混ぜる。

❸ズッキーニは皮を縞目にむいて1・5㎝幅の輪切り、黄パプリカはくし形に切って、それぞれ固めにゆでる。

❹❷の発酵床に❸のズッキーニ、黄パプリカを埋め込むように入れ、袋の中の空気を抜いて口を閉じる。冷蔵庫で1日漬ける。

❺それぞれ発酵床をぬぐい取り、ズッキーニはそのまま、黄パプリカは細切りにして盛りつける。

こんな食材でも!

鶏ささみ…発酵床にひと晩漬け、床をぬぐい取ってフライパンで焼く。

人生を自由自在に活動《プレイ》する

青春新書 PLAYBOOKS

人生の活動源として

いま要求される新しい気運は、最も現実的な生々しい時代に吐息する大衆の活力と活動源である。

文明はすべてを合理化し、自主的精神はますます衰退に瀕し、自由は奪われようとしている今日、プレイブックスに課せられた役割と必要は広く新鮮な願いとなろう。

いわゆる知識人にもとめる書物は数多く窺うまでもない。

本刊行は、在来の観念類型を打破し、謂わば現代生活の機能に即する潤滑油として、逞しい生命を吹込もうとするものである。

われわれの現状は、埃りと騒音に紛れ、雑踏に苛まれ、あくせく追われる仕事に、日々の不安は健全な精神生活を妨げる圧迫感となり、まさに現実はストレス症状を呈している。

プレイブックスは、それらすべてのうっ積を吹きとばし、自由闊達な活動力を培養し、勇気と自信を生みだす最も楽しいシリーズたらんことを、われわれは鋭意貫かんとするものである。

―創始者のことば―　小澤和一

著者紹介

杵島直美（きじま　なおみ）

料理研究家。家庭料理研究家の第一人者であった村上昭子氏を母に持ち、アシスタントを務めたあと独立する。母から受けついだ味を大切にしつつ、新しい素材や調理法を取り入れて、時代に合った家庭料理を提案している。
『母、村上昭子から教えてもらった大切な家庭料理』『酒呑み料理家の自慢のおつまみ』（小社刊）など著書多数。

staff
撮影…小野岳也 ／ スタイリング…黒木優子 ／
本文デザイン…青木佐和子 ／ 料理アシスタント…野村有美子
［撮影協力］ UTUWA

ポリ袋《ぶくろ》だから簡単《かんたん》！発酵食《はっこうしょく》レシピ　青春新書 PLAYBOOKS

2019年 8月1日　第1刷

著　者　杵《き》島《じま》直《なお》美《み》

発行者　小澤源太郎

責任編集　株式会社プライム涌光
電話　編集部　03(3203)2850

発行所　東京都新宿区若松町12番1号 〒162-0056　株式会社青春出版社
電話　営業部　03(3207)1916　振替番号　00190-7-98602

印刷・大日本印刷　製本・フォーネット社

ISBN978-4-413-21143-7
©Kijima Naomi 2019 Printed in Japan

本書の内容の一部あるいは全部を無断で複写（コピー）することは著作権法上認められている場合を除き、禁じられています。

万一、落丁、乱丁がありました節は、お取りかえします。

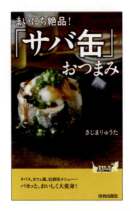

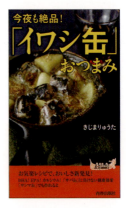